PLAl

ED

IL SUO TEATRO

SCENE ROMANE

STUDIO STORICO

PER

ULISSE BARBIERI

1873.

DUE PAROLE D'INTRODUZIONE

Nelle diverse manifestazioni dell'arte, può l'osservatore cercare lo sviluppo del progresso umano, ed a ragione disse Vittor Hugo che per immediato riflesso in due cose si rivela. – Sul teatro e nel libro.

La storia colle sue date, coi suoi nomi!... colla varietà dei suoi fasti; colla lunga schiera degli uomini di cui ci trasmette gli eroismi o le infamie! La storia questa nemesi fatale pei tristi!... questo conforto dei buoni – questa imponente figura che scrive sui marmi il progresso delle nazioni e la vita dei popoli. – Questo immenso quadro dell'umanità che ci rivive d'innanzi – del mondo di cui ci fa assistere allo spettacolo! – questa anima della vita infine!... – Con quanto interesse ci trae dietro alle incantevoli sue tradizioni!...

Lo studio positivo del realismo succede oggi fortunatamente alla fantasmagoria ideale del romanzo.

Un attività operosa sviluppasi sempre più, e nel campo dell'arte, in musica come in letteratura, sul teatro come nel libro si fa sentire la tendenza a tutto ciò che è serio.

Alla spigliata sceneggiatura della commedia così detta di giuoco, – ai graziosi equivoci della *Pochade*, al fatuo bagliore di un frizzo detto a tempo, – ai soliti mariti ingannati – alle mogli frivole – ai mille intrighi dell'amore – alla caccia delle doti, si preferiscono oggi quei grandi quadri innanzi a cui sentiamo di rivivere in un passato ricco di tante memorie.

Si va verso l'avvenire e si direbbe che si sente il bisogno di guardarci indietro per persuaderci di poter affrontare questa infinità ignota e seducente che sta davanti a noi.

Alle avventure degli antichi cavalieri della tavola rotonda – ai Faublas! ed ai moschettieri, si sente il bisogno di sostituire qualche altra cosa.

Lo studio della storia incomincia ad allettare le giovani menti, e sul campo della scena agitansi questioni sociali, e riproduconsi le più chiare individualità il cui nome ricorda un Epoca!...

Ferrari scrive il *Viglius* – Marenco prepara un *Lutero* dopo aver scritto il *Raffaello* – Giacometti scrive un *Milangelo* dopo aver tratte sulla scena le sublimi figure di *Sofocle* e di *Tasso*, – Salmini completa il *Maometto*, e Cossa dopo il *Nerone* rende possibile sul teatro la rappresentazione di un lavoro come il *Plauto* in cui è lasciato in disparte tutto ciò che si crede la vita esenziale del dramma, vale a dire l'interesse dell'azione, ed il movimento delle passioni, per divertire lo spettatore colla esposizione d'una successione di quadri storici che hanno una vita tutt'affatto propria.

L'arte dunque trionfa!...

L'arte che fa di sè stessa il tutto!... L'arte che frange ogni vincolo per dire, sono mie tutte le forme con cui può o vuole rivelarsi l'ingegno umano!...

Vedendo con piacere svilupparsi questa avida ricerca del passato, mi parve opera non affatto disutile compendiare in un ristretto volume quelle notizie sul *Plauto* che potei raccogliere dagli storici che ce ne tramandarono le memorie.

Alle personali notizie sul poeta a cui il teatro italiano deve gran parte del suo primitivo sviluppo, cercai congiungere i diversi particolari che riguardano quella lontana epoca, per dare un'idea esatta dello stato del teatro e delle forme dell'antica commedia.

U. B.

PLAUTO ED IL SUO TEATRO

CAPITOLO I.

Roma e l'arte Drammatica all'Epoca di Plauto.

Dopo le vittorie che la resero signora del mondo, Roma si riposava. – Roma la gran madre dei Scipioni e dei Gracchi il cui più bel giorno come soleva dire Catone, era quello in cui il sole rischiarava una battaglia!... – Superbo riposo però!... Nella città dove si festeggiava il trionfo di Zama e la sconfitta di Annibale cogli inni di Nevio, il cantore immortale della gloria dei Scipioni, agitavasi la divina lotta dell'arte!...

In mezzo alle gigantesche lotte delle guerre puniche s'inspirarono a robusti e forti concetti Nevio, Ennio, e Plauto Terenzio e Catone in cui spicca una assoluta personalità piena di vita. Nell'audacia dei loro saggi drammatici ed epici, sentesi che quei poeti aveano qualche cosa del guerriero. – Fumavano ancora le rovine delle città distrutte. – Ruggivano sitibonde di sangue dal Circo le fiere. – Preparavansi i gladiatori alle mortali lotte mentre essi scioglievano i loro canti, cercando di fondere colle armoniose dolcezze dell'arte greca gl'impeti ardenti del loro carattere romano.

La letteratura però non era nel suo fiore ne era quella un epoca in cui potesse essere troppo apprezzata!...

Plaudivansi i canti di Nevio che celebrava le vinte battaglie, ma preferivasi veder l'arrivo del vincitore che dietro lui trascinava incatenati i vinti nemici!... ed alla descrizione poetica d'uno dei ludi del Circo preferivansi i ruggiti delle tigri affamate ed il grido supremo della vittima di cui si poteva ammirare la convulsa agonia.

I capolavori della letteratura greca colpirono però le menti e fuvvi un momento di vera mania in cui tutto fu greco... teatro, scultura, architettura, filosofia... Mania contro cui tanto imprecò il barbero Catone che vedeva in ciò il principio della decadenza romana!... – L'alito delle future rivoluzioni spirava in Roma. Si sentiva l'avvicinarsi di tempi gravidi di procelle... – Gli ordini delle vecchie gerarchie sociali erano tocche dal mordace sarcasmo della satira. – Il Gravoche con cui Vittor Ugo simboleggia quello spirito d'indipendenza che si sviluppa col tempo e cammina a lato agli eventi, quel monello che sale sulla statua di Enrico III, e si trova più grande di lui, perchè gli sta sopra, metteva fuori il capo tra le pieghe delle toghe consolari. – Si osava guardare in faccia a questi semidei che tuonavano dal foro!....

È vero – che per aver detto troppo liberamente quello che pensava dei patrizi, più d'un poeta fu condannato all'esilio, ma tutto sta nel cominciare... – La forma drammatica del componimento che più direttamente influiva sulle masse, era però tenuta in poco conto, e la posizione d'un uomo attore, consideravasi anzi disdicevole per un nobile romano. Lo scrivere drammi o commedie era un vero mestiere e Pacuvio e Terenzio ne fecero l'esperimento passando spesse volte sotto forche caudine della miseria, donde venne il detto *Carmina non dant panem!*... lamentevolmente tramandato alla posterità come un sospiro dello stomaco poco sazio dei poveri autori.

Fu soltanto all'epoca di Silla che la posizione del poeta drammatico o tragico migliorò. Già allora ai comici corrispondevansi mercedi, l'attore e l'autore potevano pretendere compensi della cui larghezza cancellavasi un pò la macchia attribuita a quella professione ed a poco a poco si innalzò anche la poesia scenica ad arte libera; in prova di che abbiamo *Lucio Cesare* occupato a far progredire l'arte drammatica romana orgoglioso d'avere un posto nel congresso dei poeti accanto ad Accio.

La tragedia era però rimasta allo stato d'immitazione della tragedia greca, e preferivansi gli originali sublimi nel genere, di Senofonte e di Menandro.

La forma che avvantaggiò rapidamente sulle altre fu la commedia perchè più esplicitamente serviva a chiarire il concetto dell'autore e prestavasi più a riprodurre idee e cose.

I poeti tragici non coltivarono che l'epopea e sdegnavano tutto ciò che non fosse tragico; restava dunque aperto il campo al poeta comico per occuparsi delle altre classi del popolo che sentiva maggiori bisogni d'istruzione e su cui l'arte rappresentativa poteva esercitare un utile influenza.

Terenzio è una delle importanti apparizioni storiche nella letteratura romana. Nato nell'Africa Fenicia trasportato giovinetto a Roma come schiavo, e quivi educato nella coltura greca, egli sembrava destinato a restituire alla commedia neo-attica il suo carattere cosmopolita, ed è con Plauto uno dei più celebrati drammaturghi che s'iniziò lo sviluppo della letteratura dell'epoca.

CAPITOLO II.

Forme della Commedia Romana
Terenzio e Plauto.

Trattò il primo il genere borghese, il secondo il popolare. – Le commedie di Terenzio sono più elegantemente condotte e trattano questioni politiche e civili, quelle di Plauto hanno per scena la taverna o la strada. Vi è però in Plauto più sveltezza nella forma, e maggior brio: La sua favola tocca sul vivo, punge caratterizza, ed è sempre faceto, e divertente. Terenzio molto meno drastico, fa capitale di tutto e non trascura alcun accessorio a detrimento talvolta dell'effetto, ma con guadagno della logica. – Plauto dipinge i suoi caratteri a larghi tratti, sempre calcolando sull'effetto, che devono produrre nel loro insieme, Terenzio si occupa più dello svolgimento psicologico dell'azione!... A Plauto preme più l'effetto plastico. – Terenzio combatte ciò che è forma ottica come nei sogni allegorici. Plauto se ne serve come mezzo di personificare alcuni suoi concetti o produrre anche semplicemente un impressione. Pianto ha delle graziosissime sgualdrinelle, osti e lanzichenecchi con sciabole strepitanti; persone di servizio dipinte con particolare lepidezza il cui paradiso è la cantina!... il cui nume è il bicchiere!... – In Terenzio questa società è migliorata ed i suoi personaggi hanno un carattere più nobile. Si direbbe infine che in Plauto si dipinge un secolo che sta per incivilirsi, e che nel Terenzio è già incivilito.

Il dialogo di Plauto è veemente è chiassoso, e la mimica dei suoi comici per esprimerlo, deve essere animatissima. In Terenzio tutto vi è più compassato. – La lingua di Plauto strabocca di motti burleschi, di frizzi, di satire!... è un vero scoppiettìo, un fuoco di fila. – Se fa una caricatura la volge e la rivolge per tutti i versi e ne esce così ridicola che gli astanti come diceva Catone nei suoi momenti di buon umore, dovevano piangere a forza di ridere. Il dialogo di Terenzio non si permette invece simili capricci ed ha delle eleganti sottigliezze e degli arguti epigrammi.

Di fronte alle commedie di Plauto però, quelle di Terenzio sono molto inferiori per arditezza di concetto e per originalità e non offrono un progresso. – La sua forma è troppo schiava del convenzionalismo greco... ed in ogni suo lavoro si sente troppo Menandro da cui fu tolto. Plauto si servì pure della forma greca ma togliendo i suoi caratteri dal popolo in mezzo a cui viveva, ne fece delle creazioni più vere ed eminentemente romane.

Agitossi in questo periodo di tempo una fierissima guerra letteraria.

Avendo trovata la forma poetica e vibrata di Plauto, molto favore nel pubblico, quella slavata e fiacca di Terenzio fu accolta con grande opposizione.

Il poeta si difese però con dei prologhi e con delle contro-critiche piene di polemica concludendo di non aspirare all'applauso dei molti ma soltanto al giusto apprezzamento dei pochi che comprendessero il suo scopo morale.

Si dice che persone d'alto affare lo appoggiassero per far trionfare il suo genere e far sparir dal teatro le commedie di Plauto.[1]

---

[1] J. Ph. Parei *de vita, obitu et scriptis Plauti* (nella sua Edizione). Roquefort – *Dissertation sur Plaut et ses ouvrages dans le magasin encyclopedique de millin* 1815. T. V. 241. 249. – I nomi

CAPITOLO III.

Plauto ed il suo teatro.

Bakr il profondo storico, chiamò Plauto il vero padre della commedia romana.

M. Azzio Plauto, scrive egli,[2] nacque di bassa condizione in Sarsina villaggio dell'Umbria[3]. Dotato di straordinario talento e sprovvisto affatto di mezzi di fortuna si diede arrivato appena in Roma a speculazioni commerciali[4], finchè oppresso dalla miseria dovette ab-

di Attius od Accius non si trovano a detta di *Ritschl* in nessun manoscritto di Plauto. – Mancano affatto di fondamento autentico e devono probabilmente la loro origine ai primi commentatori di Plauto nei tempi del risorgimento delle lettere.

Nel palinsesto veduto da Ritschl, si legge.

T. Macci Plauti cosichè il nome del poeta dagli antichi appellato quasi sempre Plauto senz'altro, era *T. Maccius* o meglio *Mattius Plautus*, come lo provano le parole di Gelio III. 3. ossia di Azzio da lui citato secondo la felice emmendazione di Ritschl pag. 48.

2[0] Dice Müller p. 239. *Mattius* non era a quanto pare il nome di una gente romana ma umbrica, come si deve desumere dal nome di Plautus.

A detta del Grammatico Testo S. V. p. 352 il nome di *Plautus* o *Plotius* derivò a lui da un diffetto nei piedi.

3[0] Così Tuneccio – Fabriccio – Lessing – E Müller, secondo Cicerone. –

4[0] Becker congettura che Plauto abbia intrapresa la mercatura non per altro che per istruirsi maggiormente nelle città greche dell'Italia Meridionale.

NB. (Non dovrebbe però essere esatta la cosa poichè da quanto rilevasi da tutti gli altri storici che parlarono di lui egli non lasciò Roma dopo avervi incominciato le rappresentazioni delle sue bassarsi a grave lavoro manesco[5] nel quale frattempo scrisse le migliori sue commedie. Vuolsi che il numero di queste commedie ascenda a 130, di cui però Lelio non ne riconosceva che 25. – Le altre se non sono sue sono però state da lui riviste e ridotte da vecchi poeti latini[6]. Varrone che scrisse su ciò un libro non ne vorrebbe, riconoscere che 21, e furono perciò dette Varroniane.

La causa di questa incertezza nacque dalla grande stima in cui era tenuto il poeta e molti altri cercarono di imitarlo scrivendo lavori che sotto il nome di Plauto correvano di teatro in teatro, fonte di lucrosi guadagni[7]. Divennero le sue commedie ricercatissime dopo la sua morte[8], e gli edili le confusero con altre di certo *Plautzio*. – Da ciò ne nacque tanta confusione che difficilmente si può decidere quali sieno le vere sue, e quali,

---

commedie).

5[0] Asinius fu un titolo di dilegio datogli come un sopranome da chi avversava la sua scuola e così per vilipenderlo lo chiama Quintiliano il fornajo.

Vedi gli interpreti dell'Anfitrione e *Ritschl.*

6[0] Serv. ad Virgil.

7[0] Il Colax di Plauto che più non esiste è un esempio di codesto raffazzonamento di commedie antiche.

Parecchi altri si possono vedere presso Stieve – *De rei scen* et p. 87.

Ef. Ossan, analisi critica p. 141. (De Causis Plautinarum fabularum interpolationis). Le prove si trovano a pag. 166 ove egli ci dà alcuni esempi d'interpolazioni prodotte dalle ripetute rappresentazioni ch'egli ha rintracciate nelle commedie che ci restano e nota le varie recensioni del testo indi originate.

8[0] Ef. Ossan, analisi critica p. 141. (De Causis Plautinarum fabularum interpolationis). Le prove si trovano a pag. 166 ove egli ci dà alcuni esempi d'interpolazioni prodotte dalle ripetute rappresentazioni ch'egli ha rintracciate nelle commedie che ci restano e nota le varie recensioni del testo indi originate.

quelle che gli sono attribuite.

Come questo oggetto preoccupasse i dotti, e quanto impegno ponessero per poterne ricavare un risultato soddisfacente lo si scorge da ciò che narra Gellio. – *Lerlio, Volcazio, Sedigito, Claudio, Aurelio, Accio, Atejo* e *Manlio*, ed altri sommi grammatici di quel tempo s'ingegnarono a formare dei cataloghi, come risultato di lunghe indagini critiche. L'opinione di Varrone pare che sia la più positiva poichè si ritenne che ventuna fossero le vere sue commedie alla cui raccolta manca la *Vidularia*, che per essere una delle ultime fu forse stracciata o perduta. Di queste, poche sono intatte come Plauto le scrisse, ne scevre da lacune e da interpolazioni[9] come dopo ciò è naturale supporre.

. . . .

Determinare il tempo e l'ordine di queste commedie, come dice *Bakr*, sarebbe impossibile; quindi i tentativi che si sono fatti per dilucidare questo punto, hanno condotto a risultati diversi e contraddittorj[10].

La prima delle commedie di Plauto[11] nell'ordine accennato sarebbe l'Anfitrione da Plauto stesso chiamata nel prologo, tragi-commedia[12], perchè i principali personaggi sono Dei. È affidata a questi la parte tragica, gli altri personaggi invece del lavoro sono messi in iscena comicamente. Ne risulta da ciò un bizzarrissimo impasto, ed è all'anfitrione che Plauto deve il più clamoroso

---

9⁰ V. Gell. 1. C. Weichert *Pœti Latini reliquiœ.* p. 218.

10⁰ Così a modo d'esempio – *l'Anfitrione* atto IV scena II contiene un certo numero di versi falsi, e *L'Adularia* manca del fine. Le *Bacchides*, del prologo e del principio.

11⁰ Pubblicati da *Mai* col titolo *fragmenta inœdita Plauti.*

12⁰ *De Plauti Bacchides* Ritschl. (Vratisval 1835) paragrafo 1, pag. 3, 4.

dei suoi successi.

Egli ebbe forse l'idea di questo suo lavoro dalla *Hila-ro-tragœdia* di Riatone, o dalla commedia *Siculo-dorica* di Epicarmo[13] o dalla commedia attica di mezzo[14]. In ogni modo il soggetto fu trattato così bene da Plauto, che fu imitato nei tempi nostri da *Moliere*, da *Boccaccio*, e da altri.

Segue a questa l'*Asinaria*[15] che è Owaypos di Demofilo e che dipinge a forti tratti la torpitudine dei costumi greci.

L'*Adularia*[16], tuttochè tronca un po' nel finale è una delle migliori commedie di Plauto. Egli prese però per base anche di questa, una commedia greca, ma vi lasciò soltanto la forma e trattò il soggetto con libera indipendenza da farne uscire animato e vivo un vero quadro di vita romana. Moliere istesso non fece che imitare l'*Adularia* di Plauto, scrivendo il suo *Avaro*.

Compose i *captivi* nel 560 ed egli stesso la raccomanda agli edili per lo scopo morale a cui è destinata[17]. Ne è diffatti l'argomento svolto con maestria, con gusto, ed è trattata seriamente la forma del dramma, mostrando come egli sappia staccarsi anche da comici soggetti.

Circulio

13⁰ *Wolf.* prolegomeni – ad Pianto *aulul.* p. 24, 25. *Lindemann* – ad Plauti, capt. agrum 4.

14⁰ Vedi Naudet *Journal des saventes* 1838, pagina 406. Vissering – *Quœstiones Plautinœ.*

15⁰ Sulle varie commedie di Plauto in generale; vedi *Roquefort* pag. 261, teatro completo dei latini stampato a Parigi nel 1820.

16⁰ Vedi *Linge* De Plauto ad exempli, p. 8, 9.

17⁰ Secondo Ladewig il soggetto di questa commedia è tolto ad Archippo, e la rappresentazione avvenne nell'anno 195 a. C.

È questa una delle sue commedie così chiamata, dal *Parassito* di questo nome che è l'attore principale di tante altre commedie della scuola attica. È tolta la

Casina

da una commedia greca di Dilfo. – La

Cestellaria

è una delle sue prime commedie, se non la prima che fu rappresentata come credono molti[18]. L'intreccio ne è debole ma è sostenuto da un dialogo assai vivace e da alcune scene sorprendenti.

L'Ipico

imitato dal greco, è una delle commedie che a Plauto era più cara[19]. È essa pure tolta dal greco, e manca del solito prologo. Assai rinomata è la

Mastellaria

detta anche *Fasma*[20] che fu imitata poi da *Regnard*, da *Addison*, da *Destonckes* e da altri.

Le altre sue, sono il *Miles Gloriosus*, che rammenta il *Bramarbas* di Halblein.

Il *Mercator* scritto sulle traccie del *Eutopos* di Filemone.

18⁰ *Linge*. De Asinaria Plauti. Hirschberg, 1834.

19⁰ V. G. A. B. Wolff, Prolegomeni *Ad Plauti alulul*. 1836.

20⁰ Vedi prologo 55, e la fine della commedia.

Anche Lessing nella estesa sua critica di questa commedia, concorda in questo giudizio e la bandisce per la più bella che sia mai stata rappresentata, come quella che è più conforme allo scopo della commedia e corredata oltre ciò da altre bellezze accessorie.

Il *Pseudalus*[21].

Il *Pœnolus* imitato dal *Carchedonias* di Menambro.

Il *Persa*[22].

Rudens.

Lo *Stichus*[23].

Il *Trinummus*[24], imitato da Lessing nel suo *Schatz*. Questa, in un coi Captivi è una delle migliori commedie di Plauto a cui tien tosto dietro il *Truculentus!*...[25]

. . . .

Della *Vidalinaria* non si sono conservati che pochi versi... ai quali *A. Mai* ne aggiunse una cinquantina[26].

Delle supposte altre commedie del fecondo poeta questi sarebbero i titoli....

Acaristadium – Abroicus – Artamon – Astraba – Bac-

21⁰ Il prologo di questa commedia non è di Plauto stesso, ma dell'attore che la rinnovellò dopo la di lui morte. Dicesi che la sua prima rappresentazione abbia avuto un esito straordinario.

Giusta l'opinione di Ladewig nell'atto III, scena 2.ª Plauto avrebbe abbandonato il suo originale od aggiuntovi del suo la parte restante, la quale al cominciare dall'atto IV gli avrebbe attirati grandi applausi. Quanto poi all'epoca in cui fu dettata, egli crede che sia una delle prime del poeta.

22⁰ A detta di *Crusius* la prima delle commedie di Plauto, per ordine cronologico, rappresentata nel 552 di R. o piuttosto nel 538 come dimostra *Petersen*.

23⁰ Vedi Bacchides: N. 2, 36. Secondo *Crusius* questa sarebbe una delle posteriori; – secondo *Petersen* essa è del 554 di R.

24⁰ Vedi *Ritschl* Annotazioni alle Bacchidi – e *de Plauti Bacchides*.

25⁰ Secondo Ritschl questa commedia sarebbe stata rappresentata nel 564.

26⁰ Vedi *Ritschl. De turbato scenarum ordine Mastellariæ*.

*laria – Gastrion – Kortulus – Kakistus – Lenones gemi-
ni – Medicus – Nervolaria – Parassitus piger – Phagon
– Ploconia – Scytha – Liturgus – Trigemini.*

. . . .

Il *Quæuculus* o *Andularia* è generalmente riconosciu-
ta apocrifa benchè nei manoscritti porti il nome di Plauto e sia citata come cosa sua da Servio[27].

27[0] Vedi Cicerone – De Senect 14 paragrafo 50.
Pare che appartenga agli ultimi anni di Plauto poichè fu rappresentata nel 562.

CAPITOLO IV.

Il mercante di schiave.

Girovagando nelle piccole borgate dell'Umbria, ove raccoglieva appena appena da sostentare la grama vita, il giovane poeta Accio Plauto, con pochi denari nelle tasche, con molta fede nel cuore e drammi e commedie che gli facevan ressa alla mente per saltar fuori, venne a Roma mentre con splendide feste solennizzavansi le vittorie dei Scipioni. Come il suo cuore dovette palpitare ponendo il piede in quella città delle meraviglie di cui ogni pietra parlavagli di grandezza e di gloria! – Egli era là!... sulla terra dei Scipioni!... nella patria dei Gracchi!...

Egli era in Roma e dinnanzi a lui affacciavasi un sogno pieno di bagliori. – Sentiva di calcare la terra delle favolose memorie! Istupidito quasi egli ne contemplò i monumenti e passò per quelle vie di cui ciascun nome ricordavagli una vittoria od un eroe... – Lo seguiva la piccola schiera de' suoi comici ed assediavalo di tante domande alle quali egli appena appena sapeva come rispondere. – Quando però ebbe pagato il suo tributo all'ammirazione, ritornò in sè, pensò che restavagli qualche cosa di più positivo da fare, e presa una buona risoluzione cercò una taverna ove rifocillarsi coi suoi comici ed attendere l'indomani per provvedere ai proprj affari come meglio avrebbe potuto.

Per spender poco c'erano taverne dove si poteva allegramente trincare, e sotto gli archi delle basiliche v'erano ampie gradinate che potevano servire di comodo letto a qualcuno de' suoi attori nel cui animo c'era una grande ammirazione per quei gloriosi archi, e così pochi denari in tasca da farglieli trovare il più opportuno ricovero per passarvi una notte.

La notte pareva infatti tale qual conveniva per servir loro coll'infinito arco dei cieli, come il più ricco e splendido dei padiglioni, e Plauto stesso agitato dalla febbre della speranza e dall'inquietudine del domani la passò girovagando qua e là.

Era poveramente vestito, e gli rodeva l'animo il pensiero di dover presentarsi agli edili che per fama sapeva sordidi ed avari. – La paura che all'offerta d'una delle sue commedie, potesse sentirsi ridere sulla faccia e di vedersi cacciato come un miserabile accattone, gli faceva battere il cuore.

. . . .

Davanti ad una casa vidde radunate alcune donne che discorrevano facendo un chiasso allegro e disordinato.

Erano belle, avvolte in ricche vesti e capitanate da una specie di megera dall'occhio torvo che ne componeva le chiome, ne stringeva le cinture, e pareva che si disponesse a condurle in mostra come mercanzia da smerciare...

«Suvvia!.... diceva la megera allargando la bocca per schiudere le labbra al più ignobile sorriso che abbia mai deformata una faccia umana: – È giorno di festa oggi, e purchè sappiate mostrare un po' di contegno, troverete un bravo tribuno o qualche vincitore di Zama e d'Annibale a cui non spiacerà gettarvi un'occhiatina e farvi un cenno...

«Lo credo bene Giugurta!... per gli Dei!... esclamò una vispa giovinetta dall'occhio nero, ardito e provocante; e se non dovesse essere così, direi che i vincitori d'Annibale sono stupidi come quei mori incatenati che vidi trascinare dietro al cocchio di Scipione!...

«Dice bene Nidia... esclamarono le altre.

«Se non guardan noi, chi devono guardare? ribattè la prima che aveva parlato. – Senti, Giugurta, come sono profumati i miei capelli!...

«Andiamo dunque!...

«Andiamo! esclamaron tutte.

E folleggiando come allegro sciame di passeri che volano di ramo in ramo, imboccarono la prima strada che capitò loro dinnanzi.

Il giovane poeta che teneva loro dietro collo sguardo, ne sentì il gajo chiaccherìo per alcuni istanti, poi più nulla.

Egli passeggiò ancora sulla piazza, tutto assorto ne' suoi pensieri.

Dalla porta dinnanzi a cui parlavano la megera e le fanciulle, venne fuori un uomo.

Egli si fermò e guardò lungo la via.

Aveva curvo il corpo ed un po' obeso. – Era ravvolto in una lunga veste color cenere; aveva l'occhio piccolo, semichiuso, la fronte piatta, i capelli fulvi e duri a somiglianza d'un istrice, le labbra grosse.

«Quei maledetti edili!... Oh mi caccieranno certo!... disse il giovane Plauto guardando a destra della strada, con voce alta e come se parlasse tra sè.

A quelle parole l'uomo che era uscito dalla porta e che stava per prendere la via per cui eransi dirette le donne, alzò il capo e lo squadrò attentamente.

«Che sia un istrione? pensò egli... Indi arditamente volgendosi a lui: – Cosa vuoi dagli edili? gli chiese.

Accio sorpreso così nel pieno corso delle sue riflessioni, si volse.

«T'intesi parlare di edili!... se non mi fa difetto l'orecchio, riprese l'altro. Ti veggo mal in arnese e dal viso che hai macilento e dagli occhi gravi, arguisco che per la scorsa notte avesti per tetto la volta stellata da dove ti avrà sorriso la bionda Cerere, l'Iddia amica dei gentili estri ma che non sa procurare però un buon letto a chi ha sonno, ond'è che pensai tra me, ecco un poeta!... Ti va il mio ragionamento?...

Il giovane tornò a squadrare con occhio curioso il suo strano interlocutore. – Non aveva una fisonomia fatta per accattivarsi troppa simpatia, ma v'era però nel suo accento un non so che di franco, ed in armonia colla brusca esposizione dei pensieri che passavangli per la mente, che non si trovò malcontento del suo esame.

Fatalista come quasi tutti i poeti, e massime i poeti d'allora, nelle cui idee la greca scuola aveva lasciato profonde le sue impressioni, egli pensò che il caso questo *deus ex machina* che intreccia coi destini degli uomini i più strani arzigogoli, poteva benissimo avergli messo tra i piedi quella specie di mediatore, onde aiutarlo nei suoi affari.

«Perchè non ne approffitterò? pensò egli.

«Potrebbe anche essere.

«D'altronde cosa ci rimetto?...

Questo egli lo pensava – e l'altro esaminatolo ed indovinate forse le sue mentali riflessioni. – È matto borbottò fra sè, ruminando nell'animo chi sa quanti progetti; dunque deve essere un poeta!....

«Lo sono infatti, gli rispose il giovane e cerco gli edili per vender loro una commedia!...

«Scritta da te?...

«Appunto e che io stesso reciterò coi miei attori.

«Hai degli attori?...

«Non molti ma ne ho.

«Per gli Dei!. devono essere ben affamati esclamò quegli con cui Accio aveva improvvisato quel dialogo, scoppianando in una sghignazzata.

«Non ne dubito, rispose secco il giovane.

«Sei franco e mi piaci.

«Tu mi troverai strano, riprese l'uomo, avvicinandosegli in atto confidente, è bene quindi che prima di dirti il perchè t'abbia fatto queste domande, ti esponga chi sono. – Qual mi vedi non sono amico degli uomini e ci sto alla larga come dalla peste, ma faccio affari e bisogna bene che mi assueffi a scambiare con essi ciò che essi chiamano parole e che io dico menzogne. – Tu parlavi fra te quindi non mentivi; non hai dormito, quindi la tua miseria non è una menzogna – io faccio un pò di tutto, e non guardo nei miei affari troppo pel sottile, ma questa questione sta tra me e la mia coscienza. Se tu chiedi in Roma di Momus il mercante, sentirai gridare come si grida al cane che ti vien tra i piedi, dalli! che è inferocito!... o come si urla ai mastini che si sguinzagliano nel Circo per inviperire le belve. Se vieni in casa mia ci trovi di tutto. – Perle, lane, e donne!... tutta roba che si traffica a diversi prezzi e che si tiene in serbo, colla differenza che la lana e le perle comperate una volta non costano altro, mentre le donne sono peggio delle spugne... Ebbene poeta, credi a me... se vai dagli edili per vendere una tua commedia ti ridono in faccia come feci io colla differenza che essi ti cacciano via senza nemmeno risponderti e che io ti dico, vendila a me!...

«A tutta questa sfuriata buttata là con burbera franchezza, il giovane spalancava tanto d'occhi in volto a colui che gli cascava dalle nuvole quando meno che lo aspettava. Egli era brutto, anzi molto brutto, ma poteva essere pel momento l'angelo alato della speranza che veniva a cacciargli dalla fronte i foschi pensieri ed a farlo sorridere. – Diffatti colla fede che il giovane aveva nel suo genio, cosa gli mancava?...

«Una sola!...

Il campo su cui lanciarsi. – Egli era come il guerriero che in un giorno di battaglia anela il focoso destriero che sappia portarlo ove più furente ferva la pugna, e dove con maggior forza tempestano i colpi.

«Ed è la verità quella che tu mi esponi? chiese egli.

«Per gli Dei! rispose il mercante, t'avrei io fatta tutta questa sfuriata?...

«Dunque?..,

«Patto concluso.

«Io ti dò tetto e pane!...

«Io l'opera mia!...

. . . .

Accio Plauto corse felice a portare la lieta novella ai suoi comici, che lo accolsero sorpresi essi pure dell'innaspettata fortuna e traendo da ciò gli auguri i più lieti pel giovane poeta a cui profetizzarono la fama di Menandro!... Baglione rientrato in casa aspettò l'arrivo delle sue donne a cui narrò la strana speculazione da lui intrapresa. – Egli era sorridente non pel pensiero d'aver fatta una buona azione, che tale idea non entrava affatto nei suoi calcoli, ma perchè era certo d'aver fatto un buon affare. –

«I romani incominciavano ad interessarsi alle pubbliche rappresentazioni che si davano sulle piazze in baracconi di legno che sfasciavansi subito dopo; ma vi si rappresentavano ibride farsaccie dette Attelane da Attalo che ne era l'autore. In ogni modo si rideva, e la manìa del riso era succeduta alla sete dei sanguinosi spettacoli dei Circhi. – Di tutte le fanciulle che costituivano la merce del mercante, quella che fu più lieta di tal nuova fu Nidia, una vispa creatura, greca per l'indole, molle, voluttuosa, spensierata. Romana per l'ardito arco delle sue ciglia!... pel lampo del suo sguardo sotto il quale come sotto il bagliore di una affilata lama lo stesso vecchio usuraio provava dei fremiti che si faceva un dovere di reprimere per non ingelosirne la bestiale Giugurta. Il motivo principale di questa concessione era dovuto alle lunghe braccia della vecchia che erano nerborute e forti quanto erano ardenti gli occhi della schiava.

Avere un poeta che direbbe dei versi, che narrerebbe nell'ora delle liete cene, l'argomento delle sue commedie, che la guarderebbe sorridente, perchè Nidia pensava già che doveva sorridergli, ciò era per la fanciulla un pensiero delizioso. Per la vecchia Giugurta invece, quel poeta disperato che veniva ad installarsi in casa sua, non era che un fastidio di più, ma sugli affari del marito essa non soleva discutere. Per la sera stessa si allestì dunque una sontuosa cena in cui furono invocati tutti gli Dei Olimpici e dove Plauto trovò che Nidia era incantevole, che la casa dell'usuraio era preferibile al cielo stellato!... e dove i suoi comici sognando allori bevettero discretamente del buon Falerno nelle anfore di creta che furono colmate e ricolmate più di una volta.

CAPITOLO V.

Alla Taverna.

Non è dato precisare quale fosse il primo lavoro che Plauto diede in Roma – Si propende a credere che fosse l'Adularia, ma in ogni modo il fatto si è che vi ottenne buon successo e che l'autore fece in poco tempo discreti guadagni che gli permisero di abbandonarsi alla gaia spensieratezza del suo carattere.

Plauto che toglieva al teatro greco i modelli delle sue commedie, di assolutamente romano sapeva darvi il sapore ed il colorito, sebbene adoperasse nomi greci e ne portasse l'azione in città greche.

Se dipingeva templi greci, essi erano nullameno quelli di Traiano quelli di Saturno o di Marte vendicatore – talchè sopra le piazze di Atene i suoi personaggi descrivevano il Campidoglio, ed il monte Palatino, gli archi di Tito, ed il campo Marzio!...

Dai diversi tipi della plebe o del patriziato romano toglieva pure i caratteri dei suoi protagonisti, onde ci torna a proposito accennare qui ad una di quelle scene che diedero all'autore dell'Anfitrione il soggetto di un'altra delle sue migliori commedie... scena riprodotta nel suo *Miles Gloriosus* e che toccò anche il Cossa nel suo lavoro.

Fu recandosi ad una delle taverne ove dopo le rappresentazioni andavano i suoi comici a cioncare allegramente, che trovò riuniti alcuni soldati ritornati in coda agli eserciti di Scipione dalla vinta battaglia di Zama.

Su questa battaglia nella quale il grande Scipione

sconfisse Annibale ed a cui Roma stava per ricambiare coll'esilio la gloria avutane in retaggio, uno di quei soldati tirava a giù a dritta ed a rovescio narrando cose di questo e dell'altro mondo.

Affè!... esclamò Accio, volgendosi a' suoi attori, mi mancava una nuova commedia, salute agli Dei che qui mi guidarono.

L'avete inteso quel soldato che narra di colpi di lancia che hanno atterrato una legione?... Di cavalli che mandano vampe di fuoco alle nari!... Di rinoceronti pacifici come agnelli!... e di pugni che pesano più di un colpo di mazza?... qual tipo più comico per farne un *Miles Gloriosus*? – Per lui scommetto che il grande Scipione a cui Ennio tributa i suoi canti, è meno d'uno dei suoi compagni che si bevettero come un sorso di Falerno tutte le sue smargiassate, forse perchè di Falerno ne avevano bevuto più del bisogno.

«Benissimo!... sclamarono i comici ridendo... salute ad Accio!...

«Dunque nel prologo di domani annuncieremo il *Miles Gloriosus*. Che bella burla deve essere per l'amico se capita in teatro!...

Fu questo il sistema adottato da Plauto, sistema di riproduzione dal vero, che fu sempre la sorgente dei drammatici o comici lavori d'ogni tempo da Menandro a Eschilo, da Plauto a Goldoni, da Moliere a Shakspeare!... – Così su una di quelle patrizie inbellettate sino negli occhi,... e che di donna hanno soltanto le vesti, buone a divorar patrimoni non ad educare figliuoli, scrisse egli la sua *Frivolaria*. Il giovane patrizio dedito ad ogni vizio e che senza doveri di patria e senza affetti scorre la vita fra le braccia di oscene baccanti, gl'inspirò di scrivere il suo *Discolus*, lavoro che molti non vogliono riconoscere per suo, ma che si rivela tale per la festività di quel carattere comico che costituiva uno dei pregi principali delle sue commedie.

Nel *Mercator* egli non fece che sceneggiare tutto ciò che aveva veduto in casa dell'usuraio Momus da cui fu ospitato, e ne trasse uno dei più graziosi intrecci.

CAPITOLO VI.

Le Rappresentazioni.

Non sarà credo discaro al lettore di questo studio storico che riguarda una personalità artistica ed un'epoca così interessante se, cercheremo di dare un idea del modo con cui eseguivansi quelle rappresentazioni che ora sono così diverse per forma e per metodi.

Una musica rumorosa apriva lo spettacolo, non erano inventati ancora gli strumenti di corda e nelle grandi solennità, o perchè qualche grande personaggio assistesse alla rappresentazione, o perchè si volesse dare rilievo alla rappresentazione stessa, alla solita assordante orchestra sostituivansi delle suonatrici dette *Psaltriæ e sambucistrie* le quali suonavano alla maniera asiatica, come usavasi colà per le cerimonie sacre e per i loro banchetti.

I romani che non inventarono i loro strumenti, ma li ricevettero dagli *Etruschi* e dai *Siculi*, ebbero bisogno di molto tempo prima di trovare possibile l'accompagnamento del canto con istrumenti di corda.

Augusto considerò lo spettacolo teatrale come mezzo per divertire e tener obbediente il popolo, quindi provvide acciochè tutte le commedie e tutti i concerti fossero approvati prima della rappresentazione dagli edili di ciò incaricati specialmente.

Fu ai suoi tempi che ebbero principio i segni di disapprovazione o di approvazione col battimano e col fischio, egli medesimo compensò con tale atto gli attori che retribuì poi di benefici, o li disapprovò facendoli poi frustare per punizione della trascuratezza che posero al disimpegno delle loro parti. Caligola spese somme immense pel teatro e siccome aveva bella voce, si fece un giorno dorare la barba per rappresentare il biondo Apollo.

Tanto, rispetto alla estensione della produzione, quanto rispetto alla diretta influenza dell'azione sul pubblico, prima fu il dramma che prevalse sullo sviluppo poetico. Esisteva in Roma anticamente un teatro permanente con entrata a prezzo fisso, e sì in Grecia come a Roma lo spettacolo teatrale era una parte integrante dei trattenimenti popolari che ricorrevano ogni anno o che si davano in casi straordinari.

Fra le misure colle quali il governo faceva opposizione o si immaginava di opporsi al soverchiante allargarsi delle feste popolari di cui temeva le conseguenze, eravi il rifiuto di permettere che si costruisse un teatro in muratura[28].

Invece del teatro stabile si erigeva all'epoca di Plauto un palco di assi con una scena per gli attori. – Il pubblico stava in piedi, poichè il rigido Catone diceva che non era decoroso per la dignità dei Romani il sedersi. La scena era chiamata (*pro-scenium pulsistum*) aveva un fondo decorato, ed un semicircolo innanzi al quale si tracciava una platea per gli spettatori la quale non aveva però nè gradini nè sedili, e si riduceva ad un piano inclinato.

Se qualche spettatore voleva sedere era costretto a portarsi dietro la sua sedia, chi voleva poi, si accoccolava o sdrajavasi per terra[29].

28[0] (Non v'è dubbio che un teatro in muratura fù costrutto dal Cino Flaminio per giuochi apollinari nel 575 Liv. 40,51. Bercker top. pag. 605).

29[0] Nel 599 non vi erano ancora seggiole in teatro (*Ritshil-parerg* p. XVIII, XX, 214; *confr*. Bibletck trag. p. 285). Se ciò non

Pare che le donne sino dai primi tempi fossero tenute separate dagli uomini e che ad esse fossero assegnati i più alti e peggiori posti. Da principio e fino al 560 i posti non erano distinti per legge.

Poi furono riserbati i più bassi ai senatori.

Il pubblico era tutt'altro che scelto, ma non è men vero però che anche le classi le più elevate non astenevansi dal recarsi allo spettacolo nè di immischiarsi colla folla.

I senatori si credevano perfino obbligati di mostrarvisi pel loro stesso decoro.

In una festa politica erano però esclusi gli schiavi ed anche i forestieri.

Si accordava ingresso gratuito ai cittadini, alla moglie ed ai figli[30].

Gli spettatori non potevano essere per conseguenza diversi molto da quelli che oggi giorno si veggono ai pubblici spettacoli pirotecnici ed alle rappresentazioni gratuite.

Le cose procedevano quindi con poco o nessun ordine; i fanciulli gridavano, le donne chiaccheravano e strillavano, e talvolta qualche sgualdrinella cercava di introdursi sulla scena.

I vigili in siffatti giorni non facevano festa ed avevano frequenti occasioni di pignorare mantelli e di menar

---

pertanto non solo gli autori pei prologhi, ma Plauto stesso in varie occasioni accenna ad un pubblico seduto. - Vedi *Miles Gloriosus* pag. 82, 83 - *Andularia* pag. 4, 9, 6 nel *Truculentus* e nel *Epidicus ap.* - Fin il maggior numero degli spettatori deve essersi provveduta di seggiole o deve essersi seduta per terra.

30[0] *Le donne ed i fanciulli sono stati ammessi nel teatro Romano in tutti i tempi,* vol. mass. 6, 8, 12; Plutarco *Quæst. Rom,* 14; Cicerone *De arte Rom.* 12, 22. Svet., Augusto ed altri....

la mazza.

Coll'introduzione del dramma greco crebbero le difficoltà d'avere artisti e pare che i buoni scarseggiassero. – Si dovette una volta ricorrere a dei dilettanti per rappresentare un dramma di *Nevio*, ma con tutto ciò l'artista non crebbe gran fatto di pregio ed il poeta, e come era più comunemente chiamato, lo scrittore, come l'attore, appartennero e prima e dopo alla classe poco stimata dei mercenarj.

Il direttore della compagnia (*Dominus Gregis*) d'ordinario capo-comico, era per lo più un liberto, ed i membri componenti la sua truppa erano per lo più suoi schiavi.

La mercede era assai tenue e l'onorario d'un poeta teatrale arrivava appena ad 8000 setterzj (Lire 2145), ed era creduto anche troppo largo. Eragli anzi come restrizione pagato soltanto se lo spettacolo piaceva.

Sembra che a Roma si usasse soltanto di applaudire o di fischiare come si pratica da noi, e che non si rappresentasse che un dramma al giorno[31].

In siffatte circostanze in cui l'arte era esercitata a prezzo di giornata ed in cui l'artista invece di raccogliere onori raccoglieva vergogna, il teatro nazionale romano non potea svilupparsi co' suoi proprj e originali elementi e neppure con elementi artistici in generale.

La generosa gara dei nobili ateniesi dava intanto vita al dramma attico.

Al romano non restava che d'esserne una copia, e desta meraviglia che in questa, qualche autore abbia potuto

---

31[0] *Il motivo per cui ogni giorno si dava un solo dramma si vuol vedere nelle circostanze che si veniva in teatro al principio del dramma* (Penulo 10), e ritornavano a casa alla fine. Si veniva in teatro dopo la seconda colezione e si ritornava a casa pel pranzo. (Conf. Orazio, ep. 2, 1, 89.)

e saputo sfoggiarvi dello spirito e darvi una certa quale propria vitalità.

Al dramma successe presto la commedia e questa lo soverchiò completamente.

Quando il prologo invece della sperata commedia annunciava per caso una tragedia, gli spettatori rannuvolavano la fronte; onde avvenne che per questa tendenza dello spirito pubblico, fiorirono alcuni poeti comici come Plauto e Cecilio.

Com'è naturale essi posero tosto le mani sulle produzioni che avevano maggior voga in Grecia e così si trovarono confinati esclusivamente nel ciclo della commedia Attica mezzana e particolarmente in quello dei suoi più rinomati poeti Filemone da Cilì, e Menandro d'Atene.

CAPITOLO VII.

Forme delle composizioni teatrali.

È indubitabile che questo genere di commedia esercitò una grande influenza sullo sviluppo della letteratura romana, ma vi occorrevano totali modificazioni adatte all'indole romana a cui si faceva servire la forma greca.

Le produzioni della scuola comica di Menandro e di Filemone per quanto siano rispettabili come lavoro d'arte, e d'un arte che era sul suo principio, sono d'una tediosa monotonia. L'argomento è quasi sempre un giovane che a spese di suo padre o talora d'un lenone, vuole conquistarsi il possesso d'una bella fanciulla posta al mercato. L'intrigo che finisce colla vittoria dell'innamorato è condotto per solito mercè una trufferia pecuniaria; e lo scaltro servitore il quale procaccia l'occorrente somma per la soddisfazione del capriccio dell'amante è il perno su cui si aggira l'azione.

Non vi abbondano che le consuete considerazioni sulle gioie e sulle pene dell'amore; le separazioni con grande spargimento di lagrime, e non vi manca il solito spediente dell'amante che per ottenere uno sguardo di compassione dalla sua bella, minaccia di uccidersi.

L'amore o piuttosto gli spasimi dell'amore, erano come dicono i vecchi giudici in arte, il vero alito vitale della poesia di Menandro.

Nelle sue commedie il matrimonio ne è l'inevitabile conclusione, ed a quest'uopo per maggiore edificazione degli spettatori, si mette in luce la virtù dell'eroina se non affatto intemerata, almeno abbastanza sana e salva.

Si scopre per solito che essa è la figlia smarrita di un uomo dovizioso e quindi un buon partito sotto ogni aspetto.

Trovansi accanto a queste commedie dove tutto è amore, qualche altra produzione di genere patetico, ed è a quest'ultimo genere più che agli altri che appartengono le commedie di Plauto fra cui: La Gemena (Rudens) che tratta del naufragio e del diritto d'asilo, ed il «Trinummo ed i Captivi» che non toccano intrighi amorosi, ma dipingono la somma devozione dell'amico per l'amico, o dello schiavo pel padrone.

V'è però in esse un grave difetto ed è che le situazioni vi si ripetono all'infinito come si ripete uno stampo sopra una tappezzeria. Da per tutto vi sono ascoltatori invisibili. – Si picchia ogni momento alle porte di casa. – Vi sono le maschere fisse di cui non si poteva fare a meno ed avevano un numero determinato.

Sono, per esempio, otto vecchioni e sette domestici fra cui il poeta era libero di fare la sua scelta.

In simili commedie bisognava sopprimere l'elemento lirico, il coro della commedia antica e limitarsi al dialogo e tutt'al più permettersi qualche recitativo.

In ogni modo mancava il brio, l'elemento politico, la vera passione, ed ogni poetica elevatezza.

Il merito di questo genere di commedia consisteva totalmente nell'occupare l'attenzione dello spettatore e si staccava un po' dalla vecchia forma perchè era trattata con maggiori dettagli e con maggior complicazione d'interesse nella favola.

C'erano dei particolari trattati con diligenza, – dell'eleganza dei dialoghi, – dell'arguzia qua e là, e ciò costituiva il trionfo del poeta ed il diletto del pubblico.

Una gran parte dell'elemento comico che dava loro la

vita, erano strane complicazioni con cui si accomodava il passaggio alla burla la più stravagante.

La *Casina* per esempio termina con vero stile *Falstasffiano* colla partenza dei due sposi, e col soldato acconciato da donna. In mancanza d'una vera conversazione vi sono scherzi, frottole ed enigmi.

La gran manìa del pubblico pareva quella di indovinar rebus e spiegar sciarade.

Nello *Stico* di Plauto sono invece trattati con verità molti vivaci caratteri di servitori, diversi amoruzzi a cui si prestano inconsci i padri, ed è nel suo genere, avuto riguardo al tempo in cui fu scritto, un buon genere di commedia.

Vi figurano bene le eleganti cortigiane le quali si presentano profumate ed adorne con vestimenta a lungo strascico di varj colori, trapuntati in oro e che si azzimano in mille foggie sulla scena.

Alla loro coda trovansi delle mezzane talvolta dell'infima classe, come la *Scafa* nella Mastellaria, tipo che Goethe riprodusse poi nella sua *Barbara*. Non vi mancano fratelli e compagnoni pronti a dar una mano all'innamorato. – Nella forma infine della commedia greca trovansi stupendi tipi che servirono poi a tutte le commedie ed a tutte le creazioni teatrali di tutti i tempi,... imitate da Plauto sino a noi. Tipi di vecchi, padri severi, avari o teneri, o deboli – mezzani compiacenti – vecchiacci innamorati – accomodevoli zitelloni – vecchiarde golose come serve, che tengon sempre per la padrona contro il padrone.

Le parti dei giovani invece ci sono meno brillantemente trattate. Ma evvi però l'immancabile buffone (*Parassitus*) il quale in ricambio del permesso di sedere alla mensa dei ricchi, ha l'incarico di divertire gli ospiti narrando baie, motteggiando e lasciandosi motteggiare. È questo uno dei tipi meglio riusciti della commedia greca poichè in Atene quello del parassita era un vero mestiere se non è certo per una finzione poetica che vediamo questo giullare riprodursi sotto mille aspetti nelle diverse scuole teatrali.

Abbiamo cuochi che sanno acquistarsi bella fama facendo nuove salse. – Dei lenoni bugiardi dalla faccia bronzina che di gran cuore tengon mano ad ogni nefandità, tipi di cui il Ballio ce ne dà un modello nel *Pseudolo*. Nei militari spacca montagne alla foggia del Miles Gloriosus di Plauto, si personifica benissimo il governo di quei capitani di ventura... – Nella poesia Ellenica v'è infine qualche cosa di plastico, di scolpito che le altre scuole non poterono a meno di immitare.

L'unico avanzo della tragedia greca di quel tempo, parodiata, l'abbiamo nell'Anfitrione di Plauto.

In questo lavoro più che in altri spira un'aria più pura e più poetica.

Gli Dei faventi vi sono trattati con gentile ironia.

Le nobili figure del mondo eroico, gli schiavi burlescamente vigliacchi, presentano tra loro le più meravigliose antitesi, e dopo il comico svolgimento dell'azione, la nascita del figlio degli Dei fra i lampi ed i tuoni, offre un quasi grandioso effetto finale.

Fu con codesti elementi della scuola greca che Plauto formò il suo teatro. – Gli era esclusa l'originalità non solo per mancanza di libertà estetica, ma ancora perchè doveva sotto gli occhi della vigile Censura velare nomi, fatti e date!... e far credere greco apparentemente quello che realmente era romano.

Fra il gran numero delle commedie latine del sesto secolo che pervennero sino a noi, non ve n'ha una sola che non si presenti modellata sopra una commedia greca. Si esigeva dagli edili, affinchè il titolo fosse completo, l'indicazione della commedia greca ed il nome dell'autore e se come soleva avvenire ne era contestata la novità, trattavasi solo di sapere se la medesima fosse già stata prima d'allora tradotta. La scena della commedia è sempre in paese straniero; ciò era anche imposto da necessità artistiche ed il nome speciale di questo genere di commedie (*Fabula Palliata*) deriva appunto da ciò che la scena è fuori di Roma.

D'ordinario essa è un Atene ed i personaggi portanti il Pallio, sono greci, od almeno, non sono romani.

Persino nelle minuzie e più specialmente in quei particolari di cui anche il rozzo popolo romano sentiva chiaramente il contrasto, erano severamente osservati i costumi stranieri.

Non si pronuncia mai il nome di Roma, nè di romano!... e si dice per straniero – barbaro...

Dovrebbe aver un idea ben singolare dell'ingegno sì grande e sì potente di un Nevio e di un Plauto, chi s'immaginasse che tutti questi capricci e ghiribizzi del poeta non dipendessero da altro che dalla impossibilità politica di completare con esattezza l'estiticità della forma.

Lo stravolgere, nella Roma dei tempi di Annibale, le relazioni sociali sino al punto di assimilarle a quelle rappresentate nella nuova commedia attica, sarebbe parsa cosa intollerabile e da punirsi come un attentato contro l'ordine e la moralità sociale.

Era ancora proibito agli autori di nominare alcuna persona vivente nè per lode nè per biasimo e così era vietata ogni compromettente allusione alle condizioni dei tempi.

In tutto il repertorio delle commedie di Plauto e dell'epoca dopo Plauto, per quanto ne dice Mattel non vi fu materia per nessuna causa d'ingiuria, e trovasi appena nelle sue commedie qualche frizzo che tocca gl'infelici capuani unito al motteggio sulla superbia e sul cattivo *latino dei Prepestini*[32].

Nelle allusioni agli avvenimenti ed alle condizioni dell'epoca che si riscontrano nelle commedie Plautine, non ci sono che auguri per la pace e per la guerra prospera.[33] Invettive contro gli accapparratori di grano e in generale contro gli usurai, contro i dissipatori, contro i brogli dei candidati, contro gli esattori delle multe, e contro i pegnoranti appaltatori dei dazi.

Una sola volta nel *Circulio*, si trova una lunga ed un po' pungente tirata su quanto avviene nel Foro romano. (*V.* p. 374) ma il poeta s'interrompe anche in questa scappata patriottica che però non usciva di riga e dice:

«Ma non sono io pazzo di pensare alla cosa pubblica?...
«Ove vi sono magistrati a cui tocca provvedere?...

Considerando la cosa nell'insieme non si può immaginare una cosa più privata e più domestica della commedia romana del sesto secolo[34].

Il solo Gneo Nevio, il più antico poeta comico romano, fa una notevole eccezione. Benchè egli non scrivesse

---

32⁰ (Bacchidi 24 – Timanno 619, Livio – 23, 20, 421).

33⁰ (*Il prologo della Cistellaria* termina *colle seguenti parole*) si riferiscono alla *guerra con Annibale*...

«*Così la cosa avvenne. State sani.*
E come già faceste per l'addietro
Colla vera virtù vincete sempre.
Degli aleati vostri e vecchi e nuovi,
Abbiate cura e poscia distruggete.
Tutti i rubelli, ecc.

34⁰ *Anfitrione* 703, *Aulul.* 3, 1, 3.

precisamente commedie romane originali, i pochi brani di quelle da esso composte sono piene di allusioni a fatti ed a persone.

Fra le altre libertà che egli si prese, non solo mise in ridicolo un certo pittore Teodato, chiamandolo per nome, ma diresse persino al vincitore di Zama i seguenti versi.

«È quello ancora che spesso colla mano compì gloriosamente grandi cose.

«Le cui gesta tuttora vivono, presso agenti ed è solo riputato!

«Fu dal proprio padre staccato dalla sua amante e ricondotto a casa col solo Pallio.

Come pure nelle parole

«Oggi festa della libertà parliamo libere parole!...

. . . .

«Come faceste a mandare sì presto in rovina un sì possente stato?...

Dice egli in uno dei suoi prologhi, volgendo la parola alla polizia con chiare allusioni.

Ma la polizia romana non era troppo disposta a sopportare sulla scena dei rabuffi.

Nevio fu messo in prigione in grazia di questi e d'altri simili motteggi e non ne uscì fintanto che un'altra commedia non ne ebbe fatta piena ammenda.

Queste persecuzioni lo decisero ad abbandonare il proprio paese ma i suoi predecessori impararono da lui a procedere cauti.

Fu in causa di ciò che in un'epoca dove ferveva il più febbrile ecitamento nazionale, nacque un teatro senza ombra di colore politico.

CAPITOLO VIII.

Personaggi e Situazioni

Il cuoco ed il buffone erano i personaggi preferiti da Plauto come elemento comico delle sue commedie e li dipingeva con sorprendente vivacità.

Il buffone era quasi sempre in cucina a sindacare i fatti del cuoco, e sul genere delle vivande da questi cucinate ed all'uso che dovevano servire, il poeta faceva nascere degli scoppiettj di frizzi, d'arguzie e di giuochi di parole.

Dalla commedia greca si eliminavano intere parti che si sostituivano con caratteri romani ma con elementi d'una semplicità che giudicandosi ora dalle nuove forme della commedia moderna che ha bisogno di tanto movimento e di tanti affetti, sembra impossibile che quei lavori potessero ottenere tanto successo. L'azione del tanto celebrato *Stico* (rappresentato nell'anno 554) consiste in due sorelle che il padre vorrebbe decidere a separarsi dai loro mariti assenti e che fanno le Penelopi fino a che i mariti ritornano alle loro case con richezze raccolte col commercio e con una bella ragazza che recano in dono al padre. Nella commedia la *Casina* che fu accolta dal pubblico con grande favore, non si vede comparire la sposa di cui la commedia piglia il titolo, e sulla quale si aggira l'azione.

La conclusione del fatto viene raccontato semplicemente in un epilogo come «*avente luogo più tardi internamente.*»

Accadeva spesso che si interrompesse bruscamente

l'azione e la si compendia in un racconto. Era permessa infine all'autore quella assoluta libertà di forma che qualificava però un arte non giunta affatto al suo compimento.

Il buon gusto andavasi formando però a poco a poco, e questi difetti riscontransi nelle prime commedie di Plauto. In quelle che scrisse poi, egli impiegò maggior cura nella composizione, nella distribuzione delle parti, e nelle forme svelte dell'argomento, ed i *Cantici*, il *Pseudolo* e le *Bacchidi* sono trattati con mano maestra.

Prevalgono però nella commedia romana che traduce al pubblico greci soggetti, dei rozzi incidenti vestiti di forme ancora più rozze. Nella grande abbondanza di bastonate e di frustate che si amministrano e di cui si minacciano gli schiavi, si riconosce che la frusta in Roma era all'ordine del giorno, e per Catone era una delle sue predilezioni.

L'elegante dialogo attico era quasi sempre deformato in modo orribile nelle traduzioni romane.

Per darne un esempio, nella commedia *Colonna* di Menandro, un marito confida all'amico le sue miserie.

«*A – Tu sai che ho sposato la ricca ereditiera Zamia?...*

«*B – Sì certo.*

«*A – Essa, padrona di questa casa e di questi campi e di tutto ciò che vi sta intorno, ci ritiene fra tutte le molestie. Essa è molesta a tutti e non a me solo ma anche al figlio ed alla figlia! –*

«*B – Pur troppo lo so benissimo che la cosa è così!...*

Cecilio nella sua traduzione dice invece.

«*B – tua moglie è dunque rizzosa non è vero?...*
A – Non me ne parlare.

B – Perchè?...

*A – Non ne voglio sapere; se vengo a casa e mi pon-
go a sedere, essa non mi dà che un insipido bacio.*

*B – Ebbene col bacio essa coglie nel segno, e vuole
che tu abbia a vomitare ciò che bevesti fuori di casa?...*

. . . .

CAPITOLO IX.

Gli Spettatori.

Le condizioni in cui gli spettacoli greci si portarono a Roma, offrono allo studioso ricercatore di quelle memorie storiche, un prezioso mezzo di paragone per misurare il diverso grado di coltura delle due nazioni, e ne risulta quindi maggiormente lodevole lo sforzo fatto da Plauto e da Nevio, che fu vero poeta per elevatezza d'animo e di concetti, per dare al teatro una forma possibilmente artistica.

La classe del popolaccio era in Roma una classe trascurata, eterogenea, e priva di ogni carattere dilicato.

Poco curandosi della fina condotta dei caratteri, la commedia si poteva svolgere senza ombra di verità; poteva camminare d'assurdo in assurdo, ed i suoi personaggi e le sue situazioni potevano essere esposte senza alcuna legge estetica, e colla norma del solo capriccio degli autori, mescolate e confuse come si mescola un mazzo di carte.

Se nel testo greco, il lavoro poteva essere un quadro della vita, nell'immitazione diventava una caricatura.

Si annunciava un Agone greco a suon di flauto con cori di danzatori, con tragedie e con atleti, e sul cominciare dello spettacolo se da una piazza uno squillo di tromba annunziava che quattro funamboli stavano per far delle capriole, il pubblico era capace di vuotare il teatro per accorrervi entusiasta.

Uno dei maggiori pregi del teatro di Plauto fu quello d'aver fatto rinascere nell'animo del popolo romano per mezzo del diletto che i suoi lavori gli procuravano, un po' di vero gusto per la commedia sobria, e morrigerata che erasi bandita per dar posto ad una specie di prostituzione scenica.

L'Ellenismo poteva dirsi la scuola spudorata del vizio – era il senso carnale che usurpava il posto dell'amore!... – era immorale non meno nell'impudenza che nel sentimentalismo – era la glorificazione della vita della crapula.

Ce lo prova l'epilogo che Plauto fa precedere ai *Captivi* «spettatori» dice egli – *È questa una commedia fatta per gli onesti costumi.*

«Qui non vi sono traffichi, nè amori lascivi!... ne putti supposti, ne giunterie, ne bagasce fatte franche di soppiatto al padre dall'amore di un giovane. Poche commedie come questa sanno inventare i poeti, per la quale i buoni si fanno migliori. Or voi se vi piace, e se anche noi non vi siamo spiaciuti, datene segno, e vogliatelo premio della pudicizia; applauditeci.»

CAPITOLO X.

Amore e Sfortuna.

La rappresentazione del Miles Gloriosus fu un grande successo per Plauto, ad onta che Giugurta la moglie di Momus protestasse per vedervi raffigurata una sua conoscenza, vale a dire quel tal guerriero che il giovane poeta aveva incontrato nella taverna dove erasi recato per passare un'ora coi suoi comici e compagni.

Fu uno dei bei giorni per Plauto innebbriato dai plausi e dai viva della folla tumultuante. Nidia che assisteva allo spettacolo era rapita dalla spigliata fantasia del poeta il di cui frizzo pieno di sale usciva facile e continuo dalle labbra degli attori. Scambiavansi intanto ardenti occhiate e si comprendevano. Quando giunta la sera si festeggiò il lieto successo, mollemente appoggiata alla sua spalla colla bella testa, Nidia lo divorava collo sguardo.

V'era tanta voluttà in quel suo grande occhio nero di cui il giovane sentiva il fascino irresistibile, che più d'un bacio espresse alla fanciulla come nel suo cuore giovane ed ardente, vivesse una di quelle fiamme che non era così facile estinguere colla semplice autorità di Momus. Egli dichiarava però, che Nidia era sua merce e che ci teneva a conservarla per le possibili occasioni.

Momus d'altronde era così vincolato a Plauto per i buoni affari che questi aveva a lui procacciati colle sue opere, che sentivasi obbligato a lasciar correre sguardi e baci, senza darsi pensiero delle logiche conseguenze che ne venivano in seguito.

Con Momus egli erasi però fatalmente impegnato in cose a cui il teatro era affatto estraneo, e colla lusinga di concorrere al totale miglioramento della sua sorte, egli avevalo trascinato in arrischiate speculazioni.

A lui desideroso di allegri convegni e di quella vita a cui l'agiatezza promette le indipendenze della mente e del cuore, l'usurajo pose innanzi l'incantevole sogno della richezza ed avevalo infine associato alle sue speculazioni.

. . . .

Un giorno mentre egli era intento a svolgere col pensiero il modo per sciogliere Nidia dalle unghie del feroce usurajo, questi gli capitò alle spalle torvo in viso e più brutto del solito.

La sua fronte da piatta che era, mostravasi tutta grinze.

L'occhio piccolo ed infossato, mandava dei lampi sinistri... Gli si fermò dietro le spalle e stette immobile a guardarlo.

Accio si volse.

«Che hai Momus? gli chiese.

«Tristi nuove da darti, rispose egli asciutto.

«Gli edili ti ricusarono il prezzo d'una mia commedia?...

«Che edili!... ho altro pel capo che gli edili.

«Ebbene?... per gli Dei tutelari!... mi fai una certa faccia!...

«C'è, riprese l'usuraio, che siamo rovinati.

«Come?...

«Come! come!...

«Ma sì... parli o no?...

«Vuoi proprio che la dica?...

«È quello che aspetto.

«Ebbene, disse Momus... tu sognasti la ricchezza...

«Per Giove!... è una cosa che mi alletta tanto!..

«Bisogna rinunciarvi.»

Accio fissò in volto il mercante. La sua fisonomia non espresse che la più grave serietà.

«Cos'è successo? domandò egli.

«È successo, riprese Momus, che...

«Ebbene?...

«Che la nave dalla quale aspettavamo quel carico di lane e di perle che abbiamo commesse è naufragata.

«Naufragata!... esclamò il giovine. Un sinistro pensiero attraversò la sua mente; una vampa ne arse la fronte.

Egli afferrò l'usuraio per le braccia e convulsamente fissollo in volto.

«Non è questo forse un infame tranello inventato dalla tua ingordigia?.. gli chiese.

La fisonomia del mercante restò così impassibile sotto quello sguardo, che egli curvò il capo.

«Dunque è vero? riprese pallido in volto e scoraggiato.

«Com'è vero che io vivo.

«Chiedine se vuoi saperlo ai registri pubblici ove abbiamo iscritti i nostri affari.

Non c'era da ribattere.

La notizia era vera.

Che fare?...

Plauto si risovenne con disperazione dei tanti impegni ch'egli aveva contratti e delle spese superiori alle sue forze ed al suo stato che aveva fatte, nella speranza dei guadagni che Momus gli aveva fatti lampeggiare d'innanzi allo sguardo.

Di tanti sogni!... di tanti desiderii, più nulla!...

Tutto ritornava nel vuoto!... tutto si inabissava e gli

restava soltanto una delusione!...

La fatalità lo accerchiava colle sue ferree anella – che fare?...

La sola cosa di reale che gli restava, erano i suoi debiti, e le leggi romane parlavano chiaramente su tale proposito.

. . . .

Dopo pochi giorni, siccome ogni sventura non vien sola, come dice un vecchio proverbio; una delle sue commedie fece un fiasco solenne.

Momus scoppiò in una sfuriata terribile in cui lamentava d'averlo accolto, e d'averlo protetto mentre doveva lasciarlo, morir di fame. Plauto ribellandosi coll'animo esulcerato a quella intempestiva smanceria fatta da un uomo che aveva guadagnato colle opere sue ben più di quello che lamentava perduto, e che avevalo trascinato in speculazioni, che egli non avrebbe azzardate, acerbamente rampognò il mercante. Momus come è naturale da parte sua trovò stranissime e fuori di posto le sue tirate.

La conclusione fu che egli restava coi suoi debiti e che non sapeva come pagarli.

CAPITOLO XI.

Un articolo delle 12 tavole.

Prescriveva questo articolo molto conosciuto, che i creditori in mancanza del denaro, potessero essere padroni della persona del debitore ed arrivava a tal punto di crudezza da decretare che «*a chi non potesse pagare, si tagliassero le carni e fra i creditori si dividessero.*»

Il povero autore trovasi dunque assai a mal partito, e da ogni porta, all'angolo d'ogni strada, mentre usciva da una taverna, o svegliandosi nel suo letto dopo aver fatti orribili sogni, gli pareva di vedere dovunque delle brutte faccie che gli intimavano un poco gradito ritornello su tutti i toni e senza che l'orchestra ne accompagnasse le smorfie... Pagare!... pagare!... pagare!...

Vedeva per di più le lunghe braccia della legge coi suoi artigli inesorabili pronte a ghermirlo.

La sua vita era divenuta un vero inferno!... – Usciva di notte a guisa dei gufi, ed unico conforto restavangli gli abbracci di Nidia che lasciava furtivamente la casa di Momus per andarlo a trovare nei buggigattoli che gli davano ricovero.

C'era qualche cosa di strano nell'amore di questa fanciulla che in mezzo al vizio per cui era cresciuta, conservava sola virtù della sua anima contaminata, l'affetto per il giovane poeta. Esso le diveniva sempre più caro. Vicino ad essere nulla per gli altri, istintivamente essa sentiva che *egli* diveniva tutto per lei!... *Essa* per lui, tutto!

Tra i fiori della sua corona da baccante Nidia trovava un fiore non avvizzito nelle orgie, non profanato!... quasi puro!... ed era il suo amore!...

Fra quelle rose che appena sfiorate si tornavano ad intrecciare, v'era un giglio che non si staccava mai!... che non appassiva!... del quale con ogni cura essa alimentava la freschezza.

. . . .

Una mattina fattasi bella, attagliata con grazia alla vita le sue più belle vesti, profumatisi i capelli, Nidia si guardò nello specchio, felice che la giovinezza mandasse tanti lampi del suo sguardo e comunicasse tanti palpiti al suo cuore.

Essa andò alla finestra della sua stanzetta... ed aspirò con voluttà l'aria tiepida di una di quelle mattine di primavera a cui si sente congiunta tanta poesia!...

La campagna! era un bel tappeto verde, colle sue margherite bianche che vi spiccano sopra come un ricamo intrecciato da quella sapiente creatrice d'ogni più splendida bellezza che è la natura!...

Gli alberi avevano le loro foglie ingemmate dalla rugiada. Sotto l'immensa luce dell'aurora che si disegna sull'orizzonte avvolta nel suo manto di porpora, quelle goccie d'acqua assomigliano a diamanti e riflettono mille bagliori.

Le viole sorgono al margine dei ruscelli.

Le onde sembrano d'argento!... il loro mormorìo pare un sospiro.

Da per tutto luce!... profumo!... armonia!... stormir di fronde, canti di augelli, serenità di cielo, parole arcane d'amore dette in mille lingue!...

Dalla voce di qualche fata invisibile, che aggiravasi intorno a lei, pareva a Nidia d'ascoltare i racconti favolosi dei fiori e delle piante e delle montagne, e delle riviere incantate, che Plauto frammischiava spesso alle sue commedie.

Esso gliela raccontò un giorno la bella storia d'un ruscello, l'eterno orologio del bosco!...

Essa lo vidde zampillare di pietra in pietra, passare tra radice e radice, felice di poter dissetare lo stanco cacciatore colle limpide sue acque.

Come è bello, quando il sole ne bacia le onde mentre egli si distende sotto a migliaia di fili d'erba e di fiori.

Poi sparisce e schizza fuori più innanzi fra il musco o tra le pietre, come una specie di enigma di cui nessuno sa trovare la sorgente.

. . . .

Nidia, per la quale il ruscello al cui margine potesse assidersi con Plauto, rappresentava in quel momento tutta la poesia dei suoi vaghi vaneggiamenti, pensava a quanto aveva sentito raccontare e si ricordava che una bella nuvoletta aveva lasciato cadere nell'angolo più segreto d'un bosco la goccia d'acqua che prima animò quel gaio e gentile abitatore degli ombrosi campi!...

Il vagabondo spiritello che salta fuori da per tutto, e che ti è tra i piedi quando scorri la campagna, mentre meno te lo aspetti!...

Nidia lo vedeva scorrere, scorrere col suo dolce mormorìo, fecondando le fresche erbe ed agitando i rami flessuosi che tuffavano nel suo seno la testa!....

Sul suo margine morbido e bello, essa vedeva crescere dei fiorellini color cielo!... e di balzo in balzo lo vedeva saltellare come un camoscio, poi piegarsi… e passar via timido e quieto. Ardito e forte lo vedeva poi avventarsi dagli erti gioghi della montagna, e precipitare alla valle, mentre cogli sprazzi delle sue acque il sole si diverte formando dei graziosissimi miraggi e riflettendovi iridi variopinte!... Lo vedeva aggrapparsi ai massi, alle erbe ed ai rami, quando cristallizzato dal freddo vi appende le sue belle perle che scintillano.

Soltanto quando d'inverno la natura agonizza, egli si rattrapisce... si stringe a poco a poco nel suo letto, e poi fattosi tutto gelo divien muto.

Ma ora la primavera spiegava intorno alla fanciulla la pompa di tutti i suoi splendori, ed il ruscello coi suoi fiori, colle sue cadenze armoniose, colla sua poesia infine, pareva che le dicesse:

"Vieni!.. in un così bel giorno, le mura della città sono una triste cosa!...

"Vieni!.... quì più libera è l'aria che si respira!... quì le labbra possono avvicinarsi liberamente e scambiare il bacio!...

"Qui nessuno ascolta le vostre parole, e se io le sento, le confondo coll'armonia che io spargo a me d'intorno, e le porto con me!...

... Nidia che nel melanconico abbandono della sua anima sognava fiori, aria e luce; quella poesia infine che era amore!... sentiva che la casa di Momus altro non era che un'odiosa prigione!... Accio si sarebbe in quel momento nascosto in qualche brutto antro, pauroso che un quirito in nome della legge gli togliesse la libertà della persona, vendicandosi così per non potergli togliere quello del pensiero.

. . . .

Una porta bruscamente si aperse dietro lei.

Nidia si volse.

Vidde Momus, e sul volto del mercante trovò espresso il più brutto sorriso che potesse rendere orridamente deforme il sinistro suo volto.

«Bella mia!... disse egli, se ti sei fatta leggiadra per avere un bacio di più dal tuo istrione, puoi togliere quel fiore dai tuoi capelli, e slacciare le aggraziate pieghe della tua veste!...

«Accio?!.. esclamò volgendosi la fanciulla. Essa pronunciò quel nome con tale impeto di curiosità, di timore e di espansione, che il vecchio la guardò più fissamente.

«Accio!... rispose egli, farà senza delle tue visite. Oh lo so... proseguì Momus, che quando esci di casa per un pretesto o per un altro, vai a corrergli dietro!... ma la è finita una buona volta, per gli Dei!... e potrà essere frustato come io saprei frustar te, ora che ha un padrone anche quel poetastro buono a nulla. La vedremo se continuerete a far la commedia!...

«Povero Accio!... mormorò Nidia; e toltosi dai capelli il fiore che vi aveva appuntato, lo baciò senza degnare d'uno sguardo il vecchio mercante. Ne' suoi occhi era spuntata una lagrima. – Essa aveva tutto compreso. – Un debitore erasi impadronito di Plauto, e venuto ad una convenzione cogli altri, avevalo fatto cosa sua.

Come lei, egli pure era schiavo!...

Momus in faccia al sincero dolore della fanciulla, accontentossi di scrollar le spalle e si ritirò mormorando:

«La sarà almeno finita!....

CAPITOLO XII.

Quintiliano il Fornajo.

Diffatti così avvenne. Quintiliano macinatore di farine e fornajo, divenne il padrone del commediografo, che dai geniali convegni e dalle libere inspirazioni della fantasia, dovette passare ai faticosi lavori. – Dal teatro ove dettava leggi, all'obbedienza d'un padrone che poteva su lui adoperare la verga.

Era questo Quintiliano, uomo rozzo e brutale e la sorte dovette intestarsi per far proprio a Plauto uno dei suoi più brutti tiri, se lo fece capitare in tali mani.

Era destino che portato una volta alle labbra il calice amaro del dolore, il povero poeta dovesse berne a sazietà.

. . . .

Dei poeti, Quintiliano aveva sempre avuto una pessima idea e della poltroneria li sapeva amantissimi. Per tale motivo se anche il giovane cadeva sfinito a forza di lavorare, a lui pareva che quei suoi sfinimenti fossero smorfie per evitare un po' di fatica.

La casa del fornajo era quindi per Accio un vero inferno, e nella sua fantasia che non tralasciava di lavorare sognando commedie, anche quando girava la fatale macina, il burbero Quintiliano assumeva i mille aspetti di un demone.

«Se posso uscire di quà, pensava egli cercando riconfortarsi colla speranza, nella prima delle mie commedie ti acconcio come si conviene!...

. . . .

Avvenne che un giorno mentre il poeta sognava attori e palchi scenici, mentre lui ne era lontano, Quintiliano andò ad una rappresentazione.

Erano tornate in voga le *Attelane* ibride farsacce con fantasmagorie e scostumatezze d'ogni genere.

Nel teatro, un immensa folla si agitava e domandava che si incominciasse la rappresentazione, facendo scoppiettare le dita, ed urlando.

Gli attori non incominciavano, ed i *disegnatori* incaricati di collocare gli spettatori e di mantenere l'ordine, incominciavano a non poter più contenere l'espressione di quella generale irrequietezza.

Alzavano essi invano la loro bacchetta bianca e se ne servivano per indicare i più turbolenti.

Questi, lungi dal sembrare vergognosi di quella pubblica riprensione, facevano maggior chiasso.

I raggi del sole che trovavasi a mezzogiorno, non potevano però per nulla incomodare la folla e dar ragione a quella loro importunità.

Una vela grandiosa tenuta distesa per mezzo di corde ed assicurata ai pali piantati all'intorno del coronamento dell'edificio, impediva al calore d'arrivare troppo vivo fino agli spettatori, e per mezzo d'ingegnose macchine questa vela era agitata in modo che produceva l'effetto d'un immenso ventaglio. Finalmente gli istrumenti musicali incominciarono a suonare. – Per mezzo di grossi ciottoli agitati entro un vaso di bronzo si imitò dietro la scena il tuono, ed i gridatori intimarono il silenzio.

Tutte quelle voci che scambiavansi parole impazienti, tutte le dita che scoppiettavano con un rumore quasi simile a quello che fa la gragnuola quando cade sui tetti, tacquero a poco a poco, e parve che fosse improvvisamente cessato il brontolìo d'un temporale.

Un attore vestito alla greca dopo aver salutato il pubblico a più riprese e camminando su alti *trampoli*, colle braccia allungate da lunghe maniche in fondo alle quali si movevano delle mani finte, e col volto coperto da una maschera colla bocca aperta, annunciò il prologo.

In questo fece un breve assunto della produzione che doveva rappresentarsi, – spiccò quattro salti, e scomparve.

Dopo lui si rappresentò la annunciata azione, con una specie di ridicola pantomima accompagnata da lazzi.

Erano così sconci quei lazzi, così osceni gli atti di quelle maschere, e la folla era così burlata per accarezzare le classi patrizie, che Quintiliano arrabbiatosi collo spettacolo incominciò a bestemmiare contro il teatro e contro tutti i poeti.

Uscì prima che la rappresentazione fosse finita e recatosi in una delle antiche taverne della città ove trovò qualche amico, vuotò una o due anfore di Falerno poi recossi a casa.

Era d'umore nero e mezzo ubbriaco, cosa che non gli accadeva troppo raramente.

Entrato nella sua bottega vide il giovane Plauto che girava la macina un pò lentamente perchè spossato dalla fatica.

Sgrettolavasi sotto essa il grano che doveva servire alla fabbricazione del pane per l'indomani.

Egli gettò sopra una panca il suo manto ed acerbamente rivolta la parola al giovane tirò giù una sfuriata di ingiurie.

«Asinio!... poltronaccio, incominciò Quintiliano, che hai tu fatto dacchè sono uscito?...

Non hai empito di farina che un solo sacco, e sì che avresti dovuto empirne due se invece di guardare le nuvole tu avessi macinato davvero.

Il giovane non rispose sillaba e asciugò col braccio nudo, le spesse gocciole di sudore che imperlavano la fronte, anzi con maggiore attività continuò il suo penoso lavoro.

Innanzi a quell'obbediente sottomissione non si acquietò però la collera dell'avvinazzato fornajo che imbestialì più ancora.

«E che?... riprese egli... per Ercole! non mi credi tu degno forse d'avere una risposta?...

«Cos'hai tu fatto da che lasciai la bottega per andare a vedere una di quelle sudicerie che scrivevi anche tu?...

«Quello che hai fatto già me lo immagino!... – ti sarai messo sull'uscio a vedere chi passava e ad ascoltare i pettegolezzi della gente – Dì che non è vero forse?... Quante volte tornando all'improvviso non ti ho colto a spiare ed a ridere alle spalle di quelli che tu spiavi!...

Plauto taceva sotto quella sfuriata, aspettando che l'uragano passasse.

«Per gli Dei!... gridò il fornaio più ancora invelenito, non so chi mi tenga dal romperti un bastone sul dorso e dal trattarti come lo stupido animale di cui tu fai le veci.

Credi tu forse asinio, o meglio asinaccio che sei!... di poter infinocchiarmi colle tue menzogne?... –

Sentitelo!... quest'animale!... Egli dice ai miei schiavi che la finirà colla sua miseria e che escirà di qui più onorato d'un senatore!... Egli crede che i più ricchi di Roma e persino i consoli verranno a festeggiarlo!... Egli!... forse per le belle sguajataggini che scrivi!... – A sentirlo lui si è rovinato per dei traffici!... ed è stato ricco!... – Ricco di debiti sei stato!... ed è perciò che t'ho comprato e sei capitato in buone mani!... gira!... gira la macina gaglioffo!... o per tutti gli Dei ti mando da Caronte a raccontargli le tue fole!...

– Quella lunga sfuriata aveva arse le fauci a quel devoto di Bacco, onde tolto un orciuolo pieno di vino ch'era in un canto della bottega, lo vuotò tutto in un fiato.

Nel posarlo s'avvide che tra le sacca di grano eravi un rotolo di papiri.

– Che Cerere m'ajuti!... sclamò egli: cos'è quello che veggo laggiù?... t'appartiene forse?... – Ah! ora sì che comprendo!.... tu scrivi miserabile!... invece di girare la macina!... ti trastulli calcando il papiro a mie spese!... Ma sta pur lieto che i tizzoni del forno faranno giustizia dei tuoi perdimenti di tempo!... – Per Plutone!... che bella fiammata che voglio fare o asinio dei tuoi memorabili scritti!...

Il fornaio presi i papiri erasi avvicinato al forno.

«Per gli Dei tutelari, esclamò il giovine lanciandosi verso l'avvinnazzato padrone, acceso d'ira e di dispetto, non li bruciare!... non li bruciare o per Giove tonante, tu avrai a pentirtene ne mi saprò render ragione di quello che farò.

«Io ti pago perchè tu mi obbedisca, strillava il fornaio vieppiù inferocito e fe l'atto di gettare nel fuoco i papiri.

Dagli occhi del giovane uscì un lampo d'ira; egli si lanciò sul fornaio e gli strappò di mano le carte.

L'ubbriaco cadde sopra un sacco di farina bestemmiando.

«Domani per gli Dei!... esclamò Plauto, io avrò pagato quanto tu spendesti per comprarmi e sarò libero!... sai cos'è questo che tu volevi distruggere?... è l'Anfitrione!...

«Il fornaio diede una sghignazzata, fe per alzarsi ma le gambe non lo ressero, ricadde e poco dopo dormiva.

Il giovane uscì – Quando fu sulla via respirò a pieni

polmoni l'aria tiepida. – Era quasi sera – egli era stanco ed aveva fame. – Per gli Dei!... disse egli, bisognerà bene che mangi!... per passar la notte, il portico d'un tempio mi basta... e domani!... Un onda di speranza gli allargò il cuore... Sì! sì!... riprese egli, perchè imprecare contro gli Iddii che hanno forse voluto provare la tempra della mia anima!... non sono forse ricco io?... Se il mio corpo è coperto da una lacera vesta, non ho un opulenza che altri non ha? quella della mente?... Tre tesori stanno in me – la giovinezza!... la salute e la poesia!... dunque sieno di ciò grazie agli Dei... Egli gettò uno sguardo all'Anfitrione che aveva messo tra le pieghe della sua tunica e si trovò felice...

Vidde in quel momento venire verso lui un uomo a cui molta gioventù testimoniava onoranza e rispetto.

Non avea mai veduto Catone, ma ne aveva inteso parlare e per un intuizione del cuore egli indovinò che doveva essere lui l'austero cittadino.

Il momento era decisivo, ed il domani sarebbe presto arrivato. Per farsi accettare di nuovo dagli edili, aveva bisogno d'un appoggio.

«Salute a Catone, disse egli arrossendo e nello stesso tempo sentendosi fiero di volgere la parola all'uomo di cui tanto ammirava l'ingegno e la onestà.

«Salute anche a te schiavo, rispose Catone.

«Non schiavo, riprese il giovane, ma figliolo d'un liberto e cittadino romano.

«Salute dunque a te, figliuolo d'un liberto e cittadino romano, replicogli Catone col suo tuono burbero, e fe' l'atto di passare innanzi.

«Catone, mormorò con debole voce e tutto tremante Plauto. – Il cittadino romano ha fame.

«Il cittadino romano non sa guadagnare il suo pane

col lavoro? domandò austeramente Catone.

«Il cittadino romano lo sa guadagnare, ma è fuggito dalla bottega in cui lavorava perchè fu crudelmente malmenato, e perchè il mestiere di fornajo non gli piace... Catone!... riprese infine con voce supplichevole, ho bisogno di tornare al teatro... ho terminato l'Anfitrione!... fammelo vendere agli edili... sono Plauto!...

«Plauto! sclamò Catone gettando uno sguardo benevolo sul giovane infarinato... tu hai scritta mi pare qualche commedia!...

«Sì, ma non mi accontentai d'esser poeta e volli mercanteggiare. Gli affari mi andarono male e fui comperato da un fornajo poichè dopo la mala riuscita d'un mio lavoro gli edili non vollero più saperne delle mie commedie.

Catone rise. «E come la facesti col tuo padrone? domandogli.

«Per carità non me lo chiedere. Basti il dirti che avendo scoperti fra i suoi sacchi questi papiri, voleva gettarli nel forno. Io mi slanciai allora su lui poichè era ubbriaco e gli ritolsi i papiri. Fuggii dopo ciò e domani voglio pagargli la somma che egli spese per comperarmi...

Catone trasse dalle tasche alcuni sesterzj e li diede al giovane.

«La credi buona la tua commedia? gli domandò poi.

«Forse la mia migliore, rispose Plauto colla franchezza del genio.

«Domani vieni da me!... Gli edili la finiranno colle Attelane!... e daremo l'Anfitrione!...

Plauto ne baciò la veste con fervore.

«Cittadino, buona cena... gli disse Catone allontanandosi.

CAPITOLO XIII.

L'Anfitrione.

L'indomani tutto fu concluso. L'Anfitrione comprato dagli edili insieme ad altri due suoi lavori, permise al giovane di gettare in faccia al Fornajo il prezzo che egli aveva sborsato per comperarlo.

Al vederlo arrivar da lui con un bello e pesante sacchetto di sesterzi, il vecchio si domandò se nella notte quel miserabile si fosse permesso di commettere qualche assassinio, e quando Plauto gli disse che dai papiri che voleva abbrucciare, ricavò tanto che gli restava ancora più del doppio di quella somma, credette di strabigliare.

Plauto non si curò gran fatto della sua sorpresa ed uscì felice di sentirsi libero e ridonato alla scena, la qual cosa quando ripensava a quello che era jeri, parevagli ancora un sogno.

. . . .

Occorrevano le feste di Saturno celebratissime in Roma, ed istituite dal favoloso re Giano dopo che Saturno scomparve dalla terra. Erano giorni di baccanale nei quali gli schiavi deponevano la marra, le schiave cessavano dai loro lavori, ed ognuno votavasi agli Dei!... Regnava in Roma sovrana assoluta l'orgia. – Durante quelle feste tutti erano liberi e ciò facevasi per rendere un omaggio all'aurea età del regno del tanto acclamato Saturno dove era tradizionale la credenza che l'uguaglianza tra servo e padrone vi regnasse senza distinzione alcuna.

Ai servi persino era concesso di comparire per le vie in abito di liberi cittadini ed erano qualche volta serviti dai padroni stessi. È bensi vero però che finite le feste riserbavansi questi il diritto di frustarli per ricordar loro come quella libertà non fosse che una burla.

Per quanto questa fosse la cruda realtà, questi brevi istanti di riposo e di baldoria erano aspettati con ansia, ed accolti con entusiasmo.

Qualche volta, persino i colpevoli erano rilasciati in libertà e nel tempio di Saturno portavano in voto le loro catene.

La città tutta non eccheggiava che d'un grido:
Io bona Saturnalia – Io bona Saturnalia!...

Si mangiava e si beveva. – Invitavansi amici, – visita-vansi i parenti e scambiavansi doni. – Ai fanciulli dona-vansi delle figurette come si usa oggi da noi nel dì della *Befana*.

Ogni affare così pubblico che privato era sospeso – non incominciavasi guerra, nè davasi battaglia, nè inflig-gevansi castighi ai colpevoli.

. . . .

L'*Anfitrione* di Plauto fu dato in mezzo al chiasso del-le feste saturnie e vi fu accolto con entusiasmo.

Egli pose con quel lavoro suggello alla sua fama e da poi le sue commedie furono salutate da tali applausi che come dice *Bakr* pochi furono i poeti comici che ebbero maggior fortuna.

Durò diffatti tanto tempo il teatro di Plauto sulle sce-ne Romane, che fino al secolo di Cicerone e di Augusto si diedero molte sue commedie.

Probabilmente si continuarono ancora, giacchè a Pompei si è trovato un biglietto o (Tessara) d'ingresso per la rappresentazione della *Casina*[35] la quale deve

---

35⁰ Vedi Romanelli – *Viaggio a Pompei* I. p. 216 (Cf. Orell. Inger. cali. I N. 2539).

avere preceduto di poco la distruzione di quella città (79 d. c.).

Momus che aveva volte le spalle al povero poeta, quando la fortuna gli arrise di bel nuovo, non si lasciò troppo pregare a fargli buon viso... tanto più che egli aveva tanti sesterzi da poter comprare anche Nidia la quale non chiedeva di meglio.

Il mercante infatti gliela vendette ed Accio si trovò un bel giorno cinto il collo dalle leggiadre braccia bianche come il marmo, della cara fanciulla, che gli ripeteva con tutte le inflessioni della espansione: Ti amo!

. . . .

. . . .

Al Poeta cui sorride la gloria! sorride l' amore!...
L'amore questa vita dell'anima!...
Plauto era *Boeme*!... come Shakspeare, come Tasso, come Goldoni!... come tutta quella infinita schiera di uomini la cui vita fu un continuo passaggio dai sogni della gloria alla realtà dei bisogni e che a palmo a palmo dovettero misurare la strada percorsa fra i mille ostacoli dell'egoismo altrui e della miseria propria, ma con un'arma invincibile, il pensiero! – con una potenza... la fede del loro ingegno!... – con una necessità nell'ordine della loro vita – il disordine!

Riguardando dietro la via corsa, pensando a quella che gli resta da compiere, correndo dietro colla mente ai mille sogni della fantasia, mi piace idearmi il poeta romano seduto sovra una delle più alte gradinate d'una basilica. Egli è rientrato da una delle porte della città, e Nidia stanca gli appoggia il capo sulle ginocchia. Essa si è addormentata pensando al suo amore!... Egli ha sentito fremere dolcemente il suo corpo... e nei loro sguardi che si sono incontrati, leggesi una infinita sensazione di contento!...

La brezza della sera aleggia intorno alla fronte dell'addormentata e passa su quella ardente del giovane.

Una dolce penombra li circonda – la luna è coperta da qualche nube, ma curiosa di vedere quel quadro, mette fuori il capo, e avvolge quei due coll'argenteo splendore del suo raggio.

Quale spettacolo imponente sta intorno al poeta, mentre egli stesso è una specie di poetica immagine che si fonde col grande e pittoresco quadro!...

Sul suo capo il cielo!... al suo fianco Nidia. Nidia! vale a dire l'amore della fanciulla colle sue estasi, l'amore della romana colle sue voluttà. – Intorno a lui Roma!... un'epopea di memorie!... la grande anima del mondo... la stupenda figura dell'arte...

Roma dalla rupe Tarpea al Campidolglio... dagli archi di Tito alle colonne di Trajano. Dal tempio di Giano a quello di Vesta!... dal foro d'Augusto a quello di Giulio... dai Rostri alla via Sacra... da Scipione a Cesare... da Fidia a Michelangelo...

. . . .

Secondo le accurate indagini di *Ritschl De aetat Plauti* il poeta sarebbe morto nel 569 di Roma e la sua nascita cadrebbe nel principio del sesto secolo.

Gelio ne dà l'epitaffio da Plauto stesso composto.

NOTE STORICHE⁽³⁶⁾

(28) Lindemann. – *Vex De Punichcæ linguæ*.

(29) Matrit 1828.

(30) Plinio cita alcuni versi di questa commedia debo-
luccia a petto delle altre. Ladewig la pone nel 197, a. C.
– Egli la contrappone al *Rudens* quali esempi, di soggetti greci, di commedie greche raffazzonate in quella più
liberalmente, in questa più servilmente; il Trinummus a
detto di *Ritschl* non potè essere rappresentato prima del
559 di Roma.

(31) Anche di questa commedia che altri volle attri-
buire all'ultimo periodo della vita del poeta, *Testo* cita
alcuni versi ma sotto altro nome.

(32) Becker stima che questa commedia assieme al
Psæudolus al Miles Gloriosus ed ai Captives, sia la più
bella di Plauto.

(33) Così opina Wolff-prolegomeni ad Plauti *Alulul.*
p. 34.

(34) Cicerone *de senect* 14 paragrafo 50.

(35) V. paragrafo 50 Cicerone.

(36) Granet – *Dæ Colacæ Nevi et Plauti fabula.*

(37) Vedi paragrafo 50 Cicerone.

(38) Anche Liutprand – negli *Antapodas* toglie da
questa commedia il suo Jupiter quadratus.

(39) Romanelli Viaggio a Pompei.

36⁰ Le prime 27 "Note storiche" sono inserite nel testo come
note a fondo pagina relative ai capitoli II e III. Per le note dalla 28
alla 39 manca il riferimento nel testo e sono quindi lasciate nella
collocazione originale [Nota per l'edizione elettronica Manuzio].

FINE.

INDICE

Due parole d'introduzione

Plauto ed il suo Teatro.

CAPITOLO I. *Roma e l'arte drammatica all'epoca di Plauto*

CAPITOLO II. *Forme della commedia romana, Terenzio e Plauto*

CAPITOLO III. *Plauto ed il suo teatro.*

CAPITOLO IV. *Il mercante di schiave.*

CAPITOLO V. *Alla Taverna.*

CAPITOLO VI. *Le Rappresentazioni.*

CAPITOLO VII. *Forme delle composizioni teatrali*

CAPITOLO VIII. *Personaggi e Situazioni.*

CAPITOLO IX. *Gli Spettatori*

CAPITOLO X. *Amore e Sfortuna*

CAPITOLO XI. *Un articolo delle 12 tavole*

CAPITOLO XII. *Quintiliano il Fornajo.*

CAPITOLO XIII. *L'Anfitrione*

Note Storiche

17417526R00042